Impressum
Verlag: BABADADA GmbH, Nedderfeld 112 , 22529 Hamburg
Geschäftsführer / Verlagsleitung: Harald Hof
Druck: Books on Demand GmbH, In de Tarpen 42, 22848 Norderstedt

Imprint
Publisher: BABADADA GmbH, Nedderfeld 112 , 22529 Hamburg, Germany
Managing Director / Publishing direction: Harald Hof
Print: Books on Demand GmbH, In de Tarpen 42, 22848 Norderstedt

die Schule
escola

das Klassenzimmer
classe

dividieren
dividir

186/2

die Tafel
tauler

der Schulhof
pati (de l'escola)

der Lehrer
professor

das Papier
paper

schreiben
escriure

der Stift
estilogràfica

er Schreibtisch
scriptori

das Lineal
regle

das Buch
llibre

die Schüler
estudiant

die Schultasche

bossa

die Federmappe

estoig

der Bleistift

llapis

der Bleistiftspitzer

maquineta de fer punta

der Radierer

goma

der Zeichenblock

bloc de dibuix

die Zeichnung

dibuix

der Pinsel

pinzell

der Malkasten

capsa de pintures

die Schere

tisores

der Klebstoff

cola

das Übungsheft

quadern d'exercicis

die Hausübung

deures

die Zahl

nombre

addieren

afegir

subtrahieren

sostreure

multiplizieren

multiplicar

rechnen

calcular

der Buchstabe

lletra

das Alphabet

alfabet

das Wort

mot

der Text

text

lesen

llegir

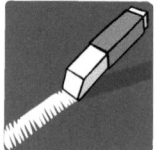

die Kreide

guix

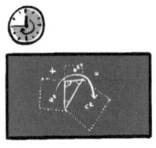

die Unterrichtsstunde

lliçó

das Klassenbuch

llibre de classe

die Prüfung

examen

das Zeugnis

certificat

die Schuluniform

uniforme escolar

die Ausbildung

formació

das Lexikon

enciclopèdia

die Universität

universitat

das Mikroskop

microscopi

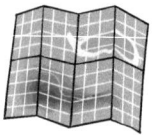

die Karte

mapa

der Papierkorb

paperera

die Reise

viatge

das Hotel
hotel
die Jugendherberge
alberg
die Wechselstube
oficina de canvi
der Koffer
maleta
das Auto
automòbil

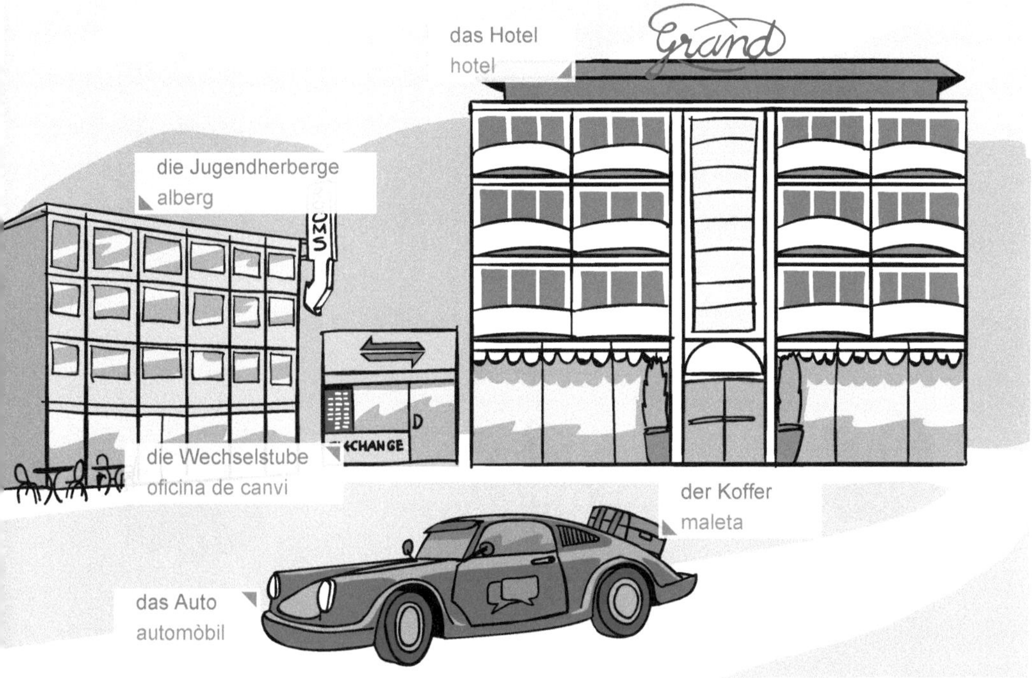

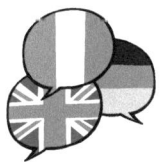

die Sprache

llengua

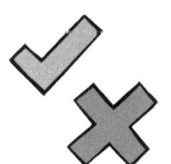

ja / nein

sí / no

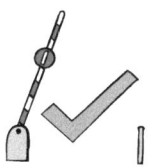

Okay

D'acord

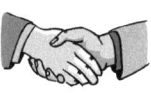

Hallo

Ey!

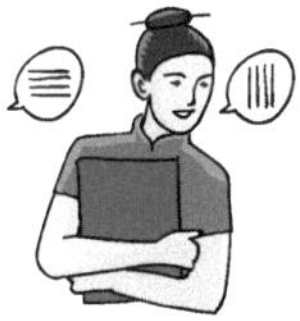

die Dolmetscherin

traductora

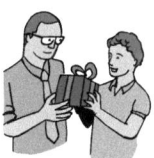

Danke

gràcies

Wie viel kostet …?

Quant costa… ?

Ich verstehe nicht.

No entenc

das Problem

problema

Guten Abend!

Bona nit!

Guten Morgen!

bon dia!

Gute Nacht!

bona nit!

Auf Wiederschaun!

fins aviat

die Richtung

direcció

das Gepäck

bagatge

die Tasche

bossa

der Rucksack

sarrona

der Gast

convidat

das Zimmer

cambra

der Schlafsack

sac de dormir

das Zelt

tenda

die Touristeninformation

oficina de turisme

der Strand

platja

die Kreditkarte

carta de crèdit

das Frühstück

esmorzar

das Mittagessen

dinar

das Abendessen

sopar

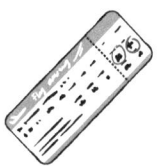

die Fahrkarte

bitllet

der Lift

ascensor

die Briefmarke

segell

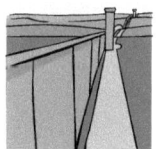

die Grenze

frontera

der Zoll

duana

die Botschaft

ambaixada

das Visum

visat

der Pass

passaport

die Reise - viatge

der Transport

transport

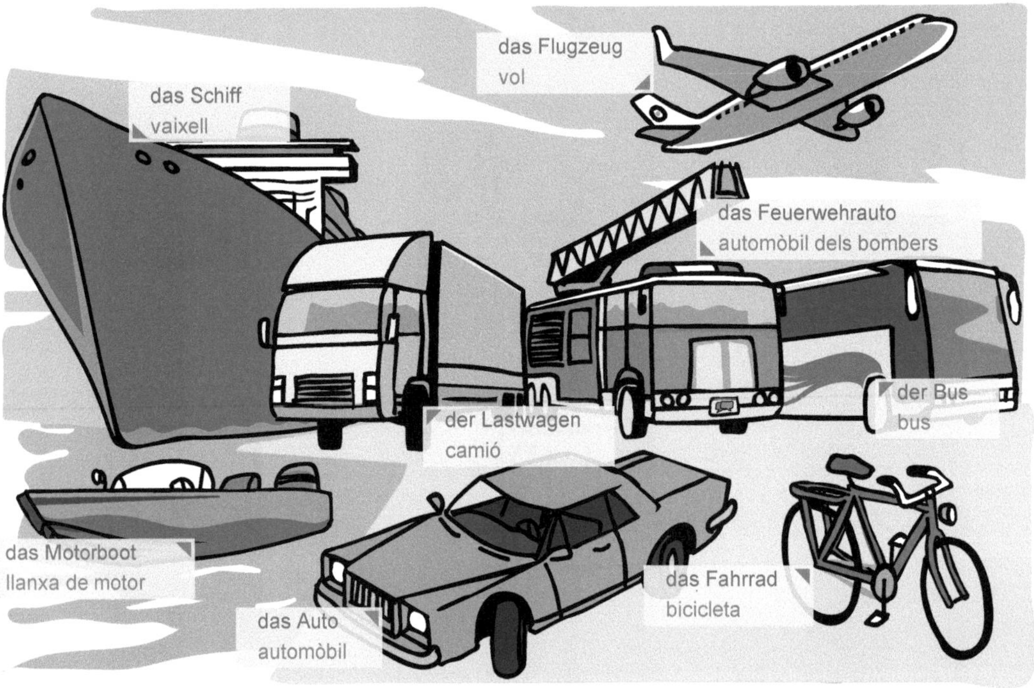
das Flugzeug
vol
das Schiff
vaixell
das Feuerwehrauto
automòbil dels bombers
der Bus
bus
der Lastwagen
camió
das Motorboot
llanxa de motor
das Fahrrad
bicicleta
das Auto
automòbil

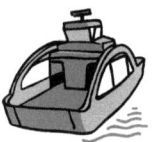

die Fähre

transbordador

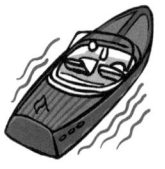

das Boot

barca

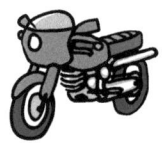

das Motorrad

moto

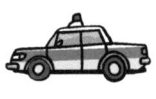

das Polizeiauto

automòbil de policia

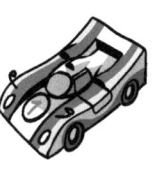

das Rennauto

automòbil de curses

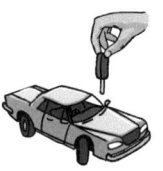

der Mietwagen

automòbil de lloguer

das Carsharing

vehicle compartit

der Abschleppwagen

grua

der Müllwagen

camió de les escombraries

der Motor

motor

der Kraftstoff

benzina

die Tankstelle

benzineria

das Verkehrsschild

senyal de trànsit

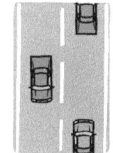

der Verkehr

trànsit

der Stau

embús

der Parkplatz

aparcament

der Bahnhof

estació de trens

die Schienen

vies

der Zug

tren

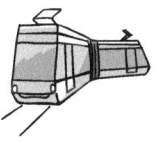

die Straßenbahn

tramvia

der Wagon

vagó

der Hubschrauber
helicòpter

der Flughafen
aeroport

der Tower
torre

der Passagier
passatger

der Container
contenidor

der Karton
capsa de cartó

der Rollwagen
carretó

der Korb
cistella

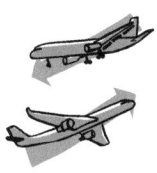

starten / landen
enlairar-se / aterrar

die Stadt
ciutat

das Dorf
poble

das Stadtzentrum
centre de la ciutat

das Haus
casa

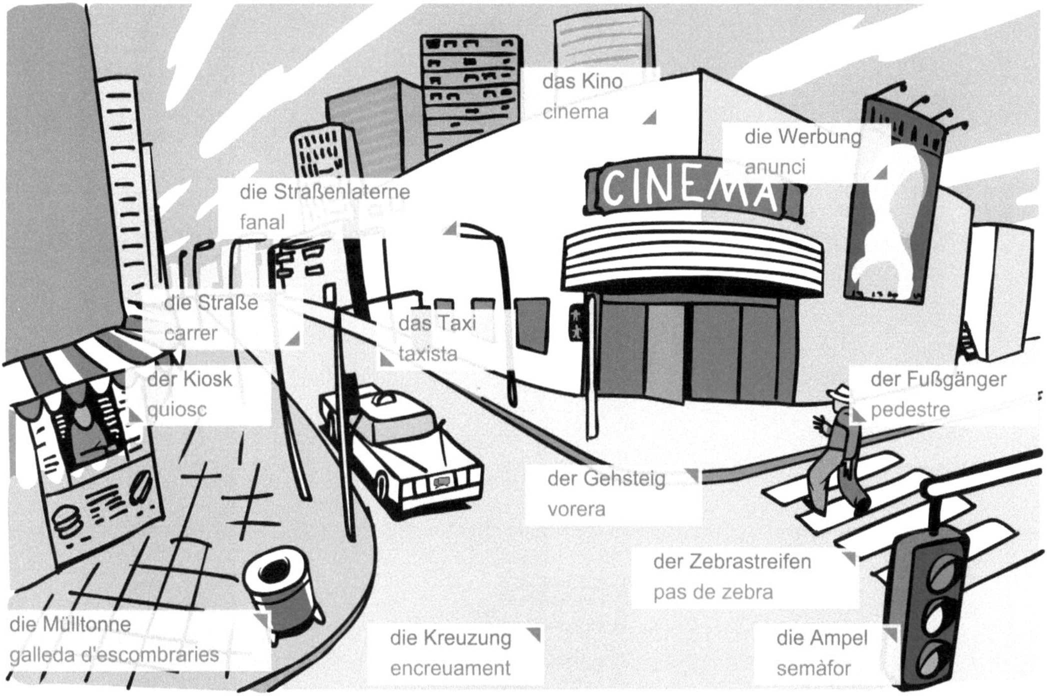

das Kino
cinema
die Werbung
anunci
CINEMA
die Straßenlaterne
fanal
die Straße
carrer
das Taxi
taxista
der Kiosk
quiosc
der Fußgänger
pedestre
der Gehsteig
vorera
der Zebrastreifen
pas de zebra
die Mülltonne
galleda d'escombraries
die Kreuzung
encreuament
die Ampel
semàfor

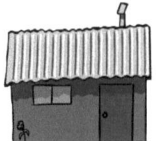

die Hütte

cabana

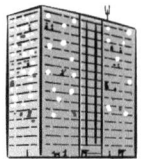

die Wohnung

apartament

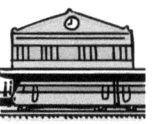

der Bahnhof

estació de trens

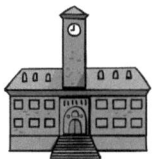

das Rathaus

casa de la vila-ciutat

MUSEUM

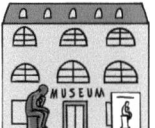

das Museum

museu

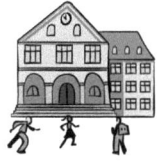

die Schule

escola

die Universität

universitat

die Bank

banca

das Spital

hospital

das Hotel

hotel

die Apotheke

farmàcia

das Büro

oficina

die Buchhandlung

llibreria

das Geschäft

botiga

der Blumenladen

floristeria

der Supermarkt

supermercat

der Markt

mercat

das Kaufhaus

gran magatzem

der Fischhändler

peixateria

das Einkaufszentrum

centre comercial

der Hafen

port

der Park

parc

die Bank

banc

die Brücke

pont

die Stiege

escala

die U-Bahn

metro

der Tunnel

túnel

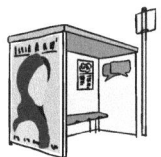

die Bushaltestelle

parada d'autobús

die Bar

bar

das Restaurant

restaurant

der Briefkasten

bústia de correu

das Straßenschild

senyal indicador

die Parkuhr

parquímetre

der Zoo

zoo

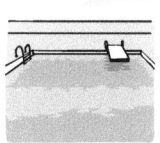

die Badeanstalt

piscina

die Moschee

mesquita

der Bauernhof

granja

die Umweltverschmutzung

pol·lució

der Friedhof

cementiri

die Kirche

església

der Spielplatz

parc infantil

der Tempel

temple

die Landschaft

paisatge

das Blatt
fulla

der Wegweiser
cartell indicador

der Weg
camí

die Wiese
prat

der Stein
pedra

der Baum
arbre

der Wanderer
excursionista

der Fluss
riu

das Gras
gespa

die Blume
flor

das Tal

vall

der Hügel

muntanya

der See

llac

der Wald

bosc

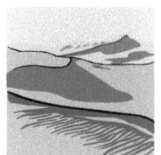

die Wüste

desert

der Vulkan

volcà

das Schloss

castell

der Regenbogen

arc de Sant Marti

der Pilz

bolet

die Palme

palmera

der Moskito

moscard

die Fliege

mosca

die Ameise

formiga

die Biene

abella

die Spinne

aranya

der Käfer

escarabat

der Frosch

granota

das Eichhörnchen

esquirol

der Igel

eriçó

der Hase

llebre

die Eule

òliba

die Vogel

ocell

der Schwan

cigne

das Wildschwein

senglar

der Hirsch

cervo

der Elch

ant

der Staudamm

presa

das Windrad

turbina

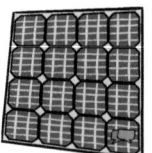

das Solarmodul

panell solar

das Klima

clima

das Restaurant
restaurant

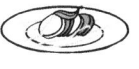

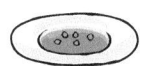

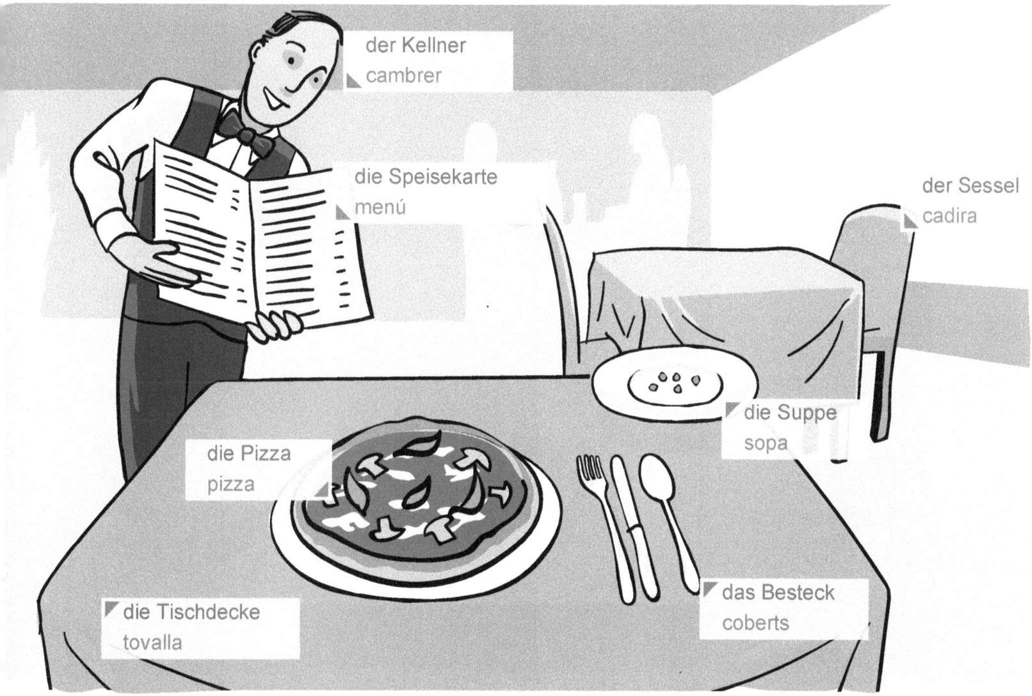
der Kellner
cambrer
die Speisekarte
menú
der Sessel
cadira
die Suppe
sopa
die Pizza
pizza
das Besteck
coberts
die Tischdecke
tovalla

die Vorspeise

primer plat

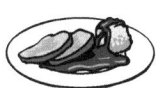

das Hauptgericht

plat principal

die Nachspeise

darreries

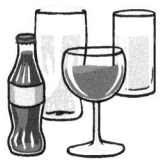

die Getränke

begudes

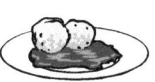

das Essen

menjar

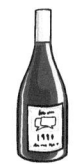

die Flasche

ampolla

das Fastfood

menjar ràpid

das Streetfood

menjar de carrer

die Teekanne

tetera

die Zuckerdose

sucrer

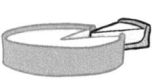

die Portion

porció

die Espressomaschine

màquina d'espresso

der Kinderstuhl

trona

die Rechnung

factura

das Tablett

plata

das Messer

ganivet

die Gabel

forqueta

der Löffel

cullera

der Teelöffel

cullereta

die Serviette

tovalló

das Glas

got

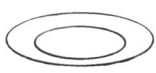

der Teller

plat

der Suppenteller

plat de sopa

die Untertasse

plateret

die Sauce

salsa

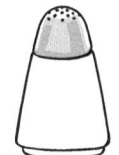

der Salzstreuer

saler

die Pfeffermühle

molinet de pebre

der Essig

vinagre

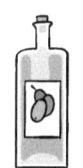

das Öl

oli

die Gewürze

espècies

das Ketchup

quètxup

der Senf

mostassa

die Mayonnaise

maionesa

der Supermarkt

supermercat

das Angebot
oferta especial
FOR
der Kunde
client
die Milchprodukte
productes lactis
das Obst
fruites
der Einkaufswagen
carret de la compra

BUTCHERS

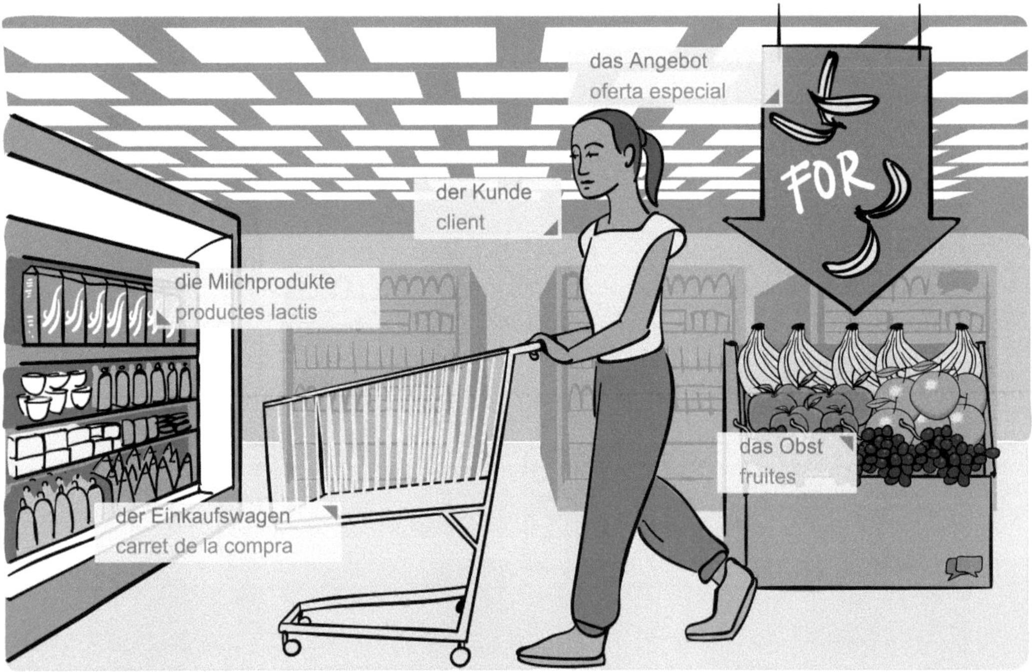

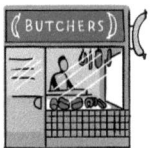

die Schlachterei

carnisseria

BAKERY

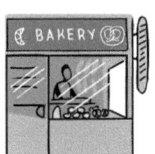

die Bäckerei

forn de pa

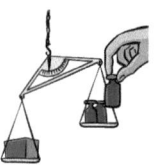

wiegen

pesar

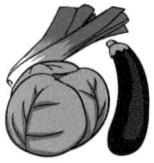

das Gemüse

verdures

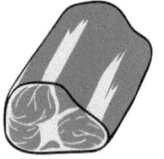

das Fleisch

carn

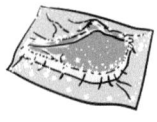

die Tiefkühlkost

menjar congelat

der Aufschnitt
carn freda

die Konserven
conserves

das Waschmittel
detergent en pols

die Süßigkeiten
dolços

die Haushaltsartikel
articles domèstics

das Reinigungsmittel
productes de neteja

die Verkäuferin
venedora

die Kassa
caixa registradora

die Kassiererin
caixera

die Einkaufsliste
llista de la compra

die Öffnungszeiten
horari d'obertura

die Brieftasche
portamonedes

die Kreditkarte
carta de crèdit

die Tasche
bossa

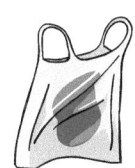

die Plastiktüte
bossa de plàstic

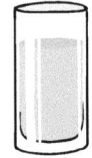

das Wasser

aigua

der Saft

suc

die Milch

llet

die Cola

coca-cola

der Wein

vi

das Bier

cervesa

der Alkohol

alcohol

der Kakao

cacau

der Tee

te

der Kaffee

cafè

der Espresso

espresso

der Cappuccino

cappuccino

die Banane

banana

der Apfel

poma

die Orange

taronja

die Melone

síndria

die Zitrone

llimona

die Karotte

pastanaga

der Knoblauch

all

der Bambus

bambú

die Zwiebel

ceba

der Pilz

bolet

die Nüsse

avellanes

die Nudeln

fideus

die Spaghetti

espaguetis

der Reis

arròs

der Salat

amanida

die Pommes frites

patates fregides

die Bratkartoffeln

patates fregides

die Pizza

pizza

der Hamburger

hamburguesa

das Sandwich

entrepà

das Schnitzel

escalopa

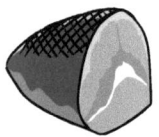

der Schinken

cuixot

die Salami

salami

die Wurst

salsitxa

das Huhn

pollastre

der Braten

rostit

der Fisch

peix

die Haferflocken

flocs de civada

das Müsli

musli

die Cornflakes

cereals

das Mehl

farina

das Croissant

croissant

die Semmel

panet

das Brot

pa

der Toast

torrada

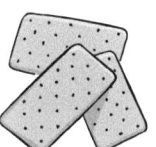

die Kekse

bescuits

die Butter

mantega

der Topfen

mató

der Kuchen

pastís

das Ei

ou

das Spiegelei

ou fregit

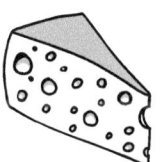

der Käse

formatge

die Eiscreme

gelat

der Zucker

sucre

der Honig

mel

die Marmelade

melmelada

der Schokoladenaufstrich

crema de xocolata

das Curry

curri

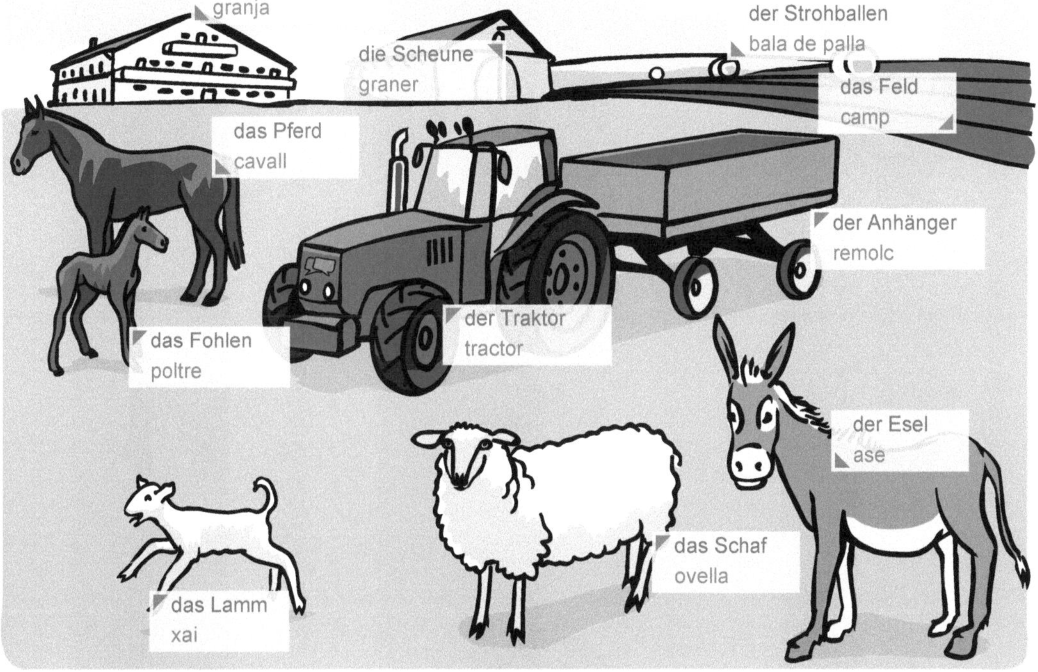

das Bauernhaus
granja

die Scheune
graner

der Strohballen
bala de palla

das Feld
camp

das Pferd
cavall

der Anhänger
remolc

das Fohlen
poltre

der Traktor
tractor

der Esel
ase

das Schaf
ovella

das Lamm
xai

die Ziege

cabra

die Kuh

vaca

das Kalb

vedella

das Schwein

porc

das Ferkel

garrí

der Stier

bou

die Gans

oca

die Ente

ànec

das Küken

poll

das Huhn

gall

der Hahn

gallina

die Ratte

rata

die Katze

gat

die Maus

ratolí

der Ochse

bou

der Hund

gos

die Hundehütte

gossera

der Gartenschlauch

mànega de regar

die Gießkanne

regadora

die Sense

dalla

der Pflug

arada

die Sichel

falç

die Hacke

aixada

die Mistgabel

forca

die Axt

destral

die Schubkarre

carretó

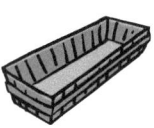

der Trog

abeurador

die Milchkanne

lletera

der Sack

sac

der Zaun

tanca

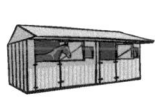

der Stall

establa

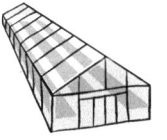

das Treibhaus

hivernacle

der Boden

sòl

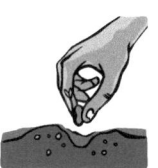

die Saat

llavor

der Dünger

adob

der Mähdrescher

collidora

ernten
collir

die Ernte
collita

die Yamswurzel
nyam

der Weizen
blat

das Soja
soja

der Erdapfel
patata

der Mais
blat de moro o d'indi

der Raps
colza

der Obstbaum
arbre fruiter

der Maniok
mandioca

das Getreide
cereals

das Haus
casa

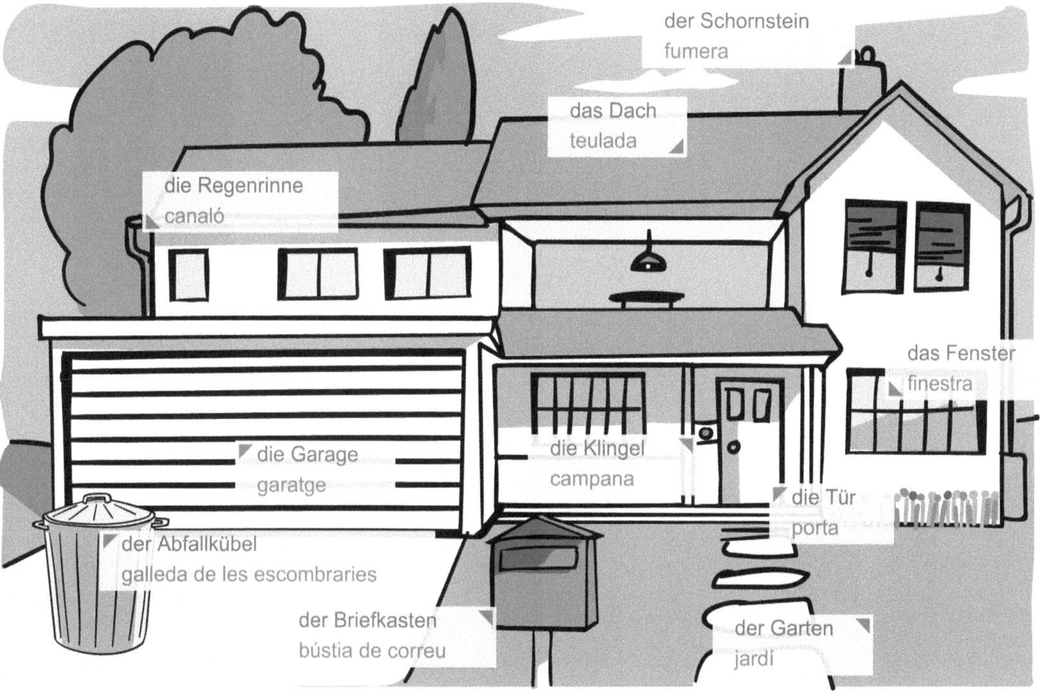
der Schornstein
fumera
das Dach
teulada
die Regenrinne
canaló
das Fenster
finestra
die Garage
garatge
die Klingel
campana
die Tür
porta
der Abfallkübel
galleda de les escombraries
der Briefkasten
bústia de correu
der Garten
jardí

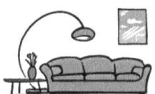

das Wohnzimmer

sala d'estar

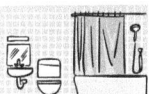

das Badezimmer

bany

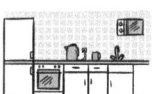

die Küche

cuina

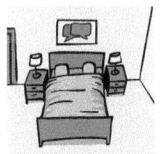

das Schlafzimmer

cambra de dormir

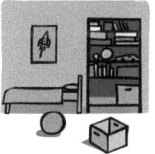

das Kinderzimmer

cambra de nen

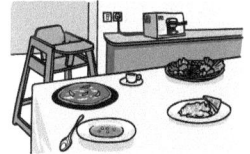

das Esszimmer

menjador

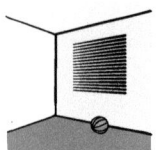

der Boden

sòl

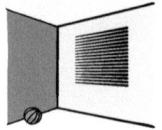

die Wand

paret

die Decke

sostre

der Keller

soterrani

die Sauna

sauna

der Balkon

balcó

die Terrasse

terrassa

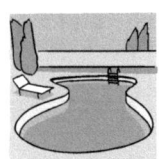

das Schwimmbad

piscina

der Rasenmäher

tallagespa

der Bettbezug

vànova

die Bettdecke

cobrellit

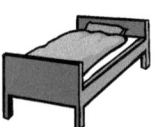

das Bett

llit

der Besen

escombra

der Kübel

galleda

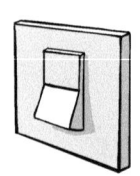

der Schalter

interruptor

das Wohnzimmer
sala d'estar

die Tapete
paper de paret
das Bild
quadre
die Lampe
làmpada
das Regal
prestatge
der Schrank
armari
der Fernseher
televisor
der Kamin
escalfapanxes
die Blume
flor
der Polster
coixí
das Sofa
sofà
die Vase
gerro
die Fernbedienung
telecomanda

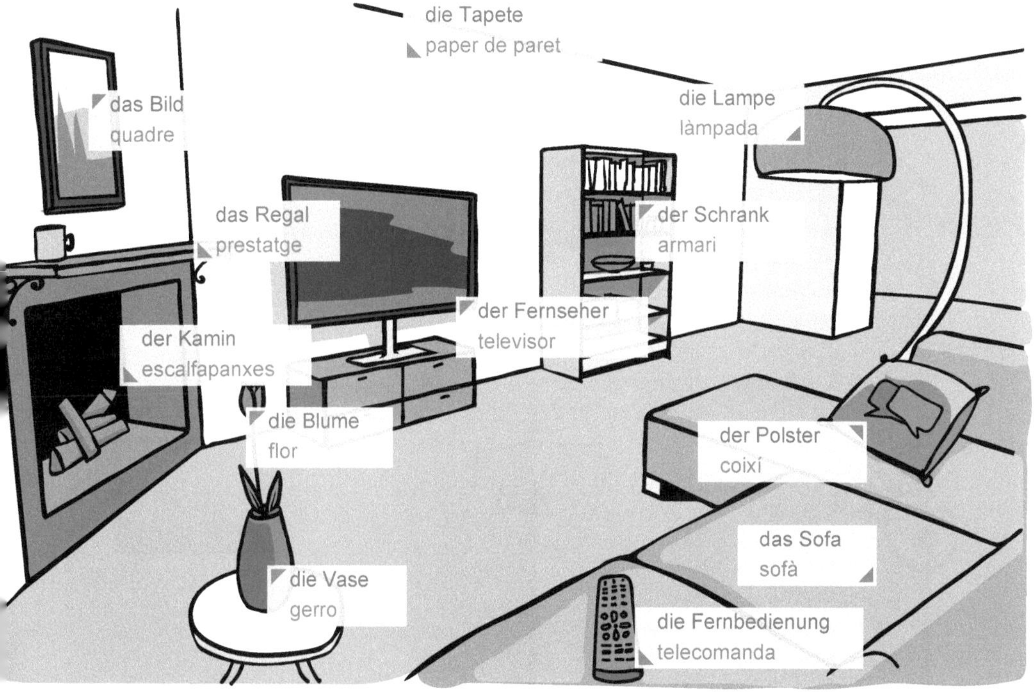

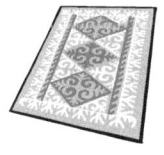

der Teppich

catifa

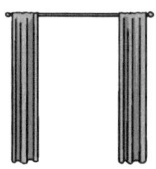

der Vorhang

cortina

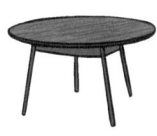

der Tisch

taula

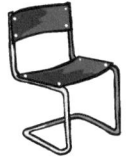

der Sessel

cadira

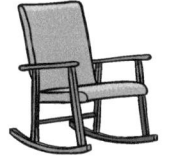

der Schaukelstuhl

cadira gronxadora

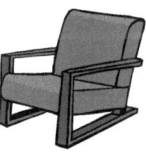

der Sessel

cadiral

das Buch

llibre

die Decke

llençol

die Dekoration

decoració

das Feuerholz

llenya

der Film

film

die Stereoanlage

cadena de música

der Schlüssel

clau

die Zeitung

diari

das Gemälde

pintura

das Poster

cartell

das Radio

ràdio

der Notizblock

bloc de notes

der Staubsauger

aspiradora

der Kaktus

cactus

die Kerze

candela

die Küche
cuina

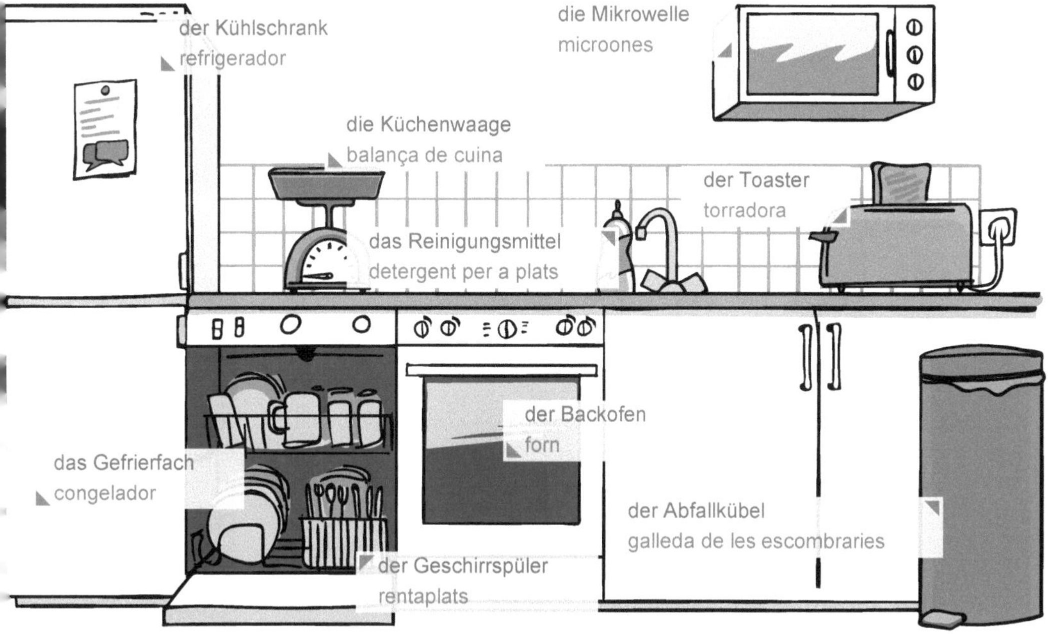
der Kühlschrank
refrigerador
die Mikrowelle
microones
die Küchenwaage
balança de cuina
der Toaster
torradora
das Reinigungsmittel
detergent per a plats
der Backofen
forn
das Gefrierfach
congelador
der Abfallkübel
galleda de les escombraries
der Geschirrspüler
rentaplats

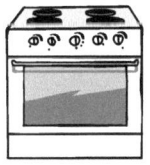

der Herd

cuina de fogons

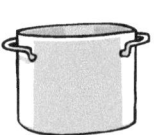

der Topf

olla

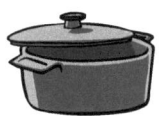

der Eisentopf

olla de ferro colat

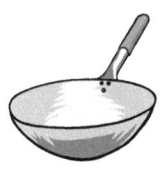

der Wok / Kadai

wok / karahi

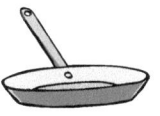

die Pfanne

paella

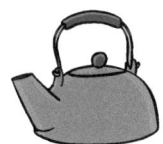

der Wasserkocher

bullidor

der Dampfgarer

olla de vapor

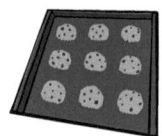

das Backblech

plata de forn

das Geschirr

vaixella

der Becher

tassa grossa

die Schale

bol

die Essstäbchen

bastonets xinesos

der Schöpflöffel

culler

der Pfannenwender

espàtula

der Schneebesen

batedor

das Kochsieb

colador

das Sieb

sedàs

die Reibe

ratllador

der Mörser

morter

der Grill

barbacoa

das Kaminfeuer

foc a terra

das Schneidebrett

taula de tallar

das Nudelholz

corró

der Korkenzieher

llevataps

die Dose

pot de conserva

der Dosenöffner

obridor

der Topflappen

agafador

das Waschbecken

aigüera

die Bürste

raspall

der Schwamm

esponja

der Mixer

batedora

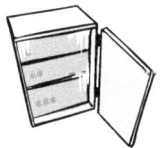

die Gefriertruhe

congelador

die Babyflasche

biberó

der Wasserhahn

aixeta

das Badezimmer

bany

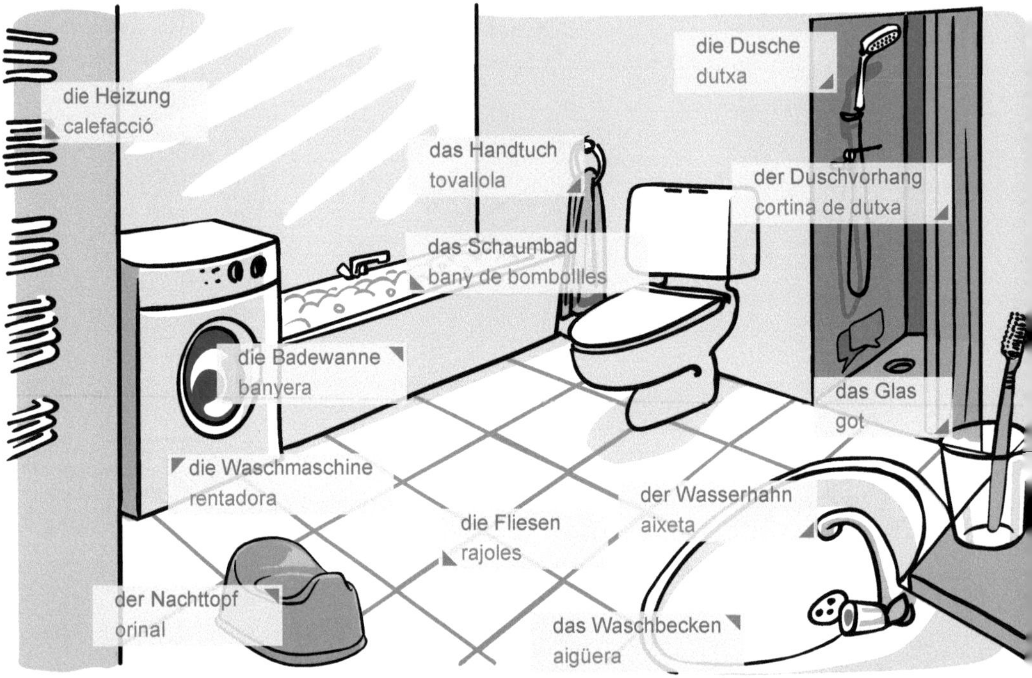

die Dusche
dutxa
die Heizung
calefacció
das Handtuch
tovallola
der Duschvorhang
cortina de dutxa
das Schaumbad
bany de bombolles
die Badewanne
banyera
das Glas
got
die Waschmaschine
rentadora
der Wasserhahn
aixeta
die Fliesen
rajoles
der Nachttopf
orinal
das Waschbecken
aigüera

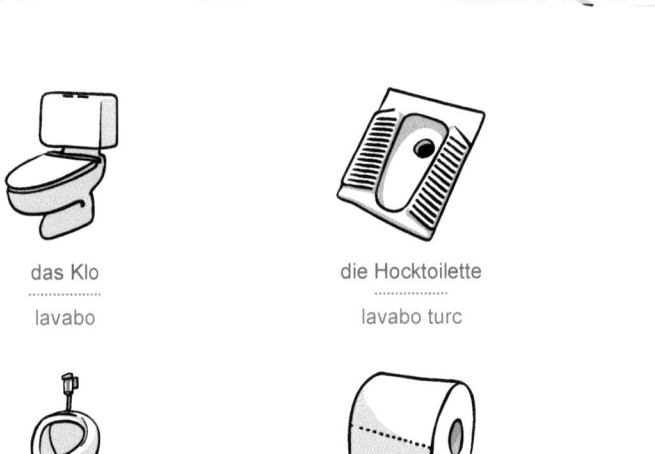

das Klo

lavabo

die Hocktoilette

lavabo turc

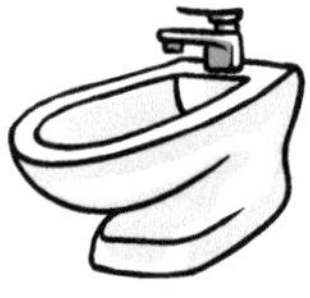

das Bidet

bidet

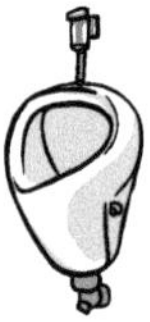

das Pissoir

orinador

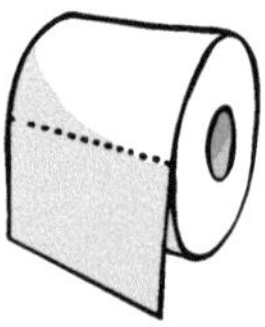

das Klopapier

paper higiènic

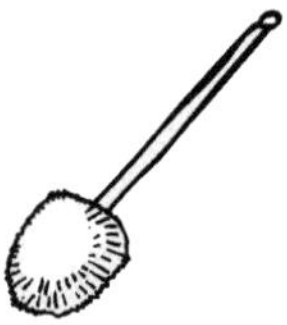

die Klobürste

escombreta de sanitari

die Zahnbürste

raspall de dents

die Zahnpasta

pasta de dents

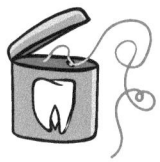

die Zahnseide

fil dental

waschen

rentar

die Handbrause

pom de dutxa

die Intimdusche

dutxa íntima

die Waschschüssel

rentamans

die Rückenbürste

raspall per a l'esquena

die Seife

sabó

das Duschgel

gel de dutxa

das Shampoo

xampú

der Waschlappen

manyopla de bany

der Abfluss

bonera

die Creme

crema

das Deodorant

desodorant

der Spiegel
mirall

der Kosmetikspiegel
mirall-espill de mà

der Rasierer
maquineta de rasar

der Rasierschaum
espuma de barbejar

das Rasierwasser
loció post-rasada

der Kamm
pinta

die Bürste
raspall

der Föhn
eixugador

das Haarspray
laca

das Makeup
maquillatge

der Lippenstift
pintallavis

der Nagellack
esmalt d'ungles

die Watte
cotó

die Nagelschere
tallaungles

das Parfum
perfum

der Kulturbeutel

estoig de bellesa

der Hocker

tamboret

die Waage

bàscula

der Bademantel

barnús

die Gummihandschuhe

guants de goma

das Tampon

compresa higiènica

die Damenbinde

compresa

die Chemietoilette

sanitari químic

das Kinderzimmer

cambra de nen

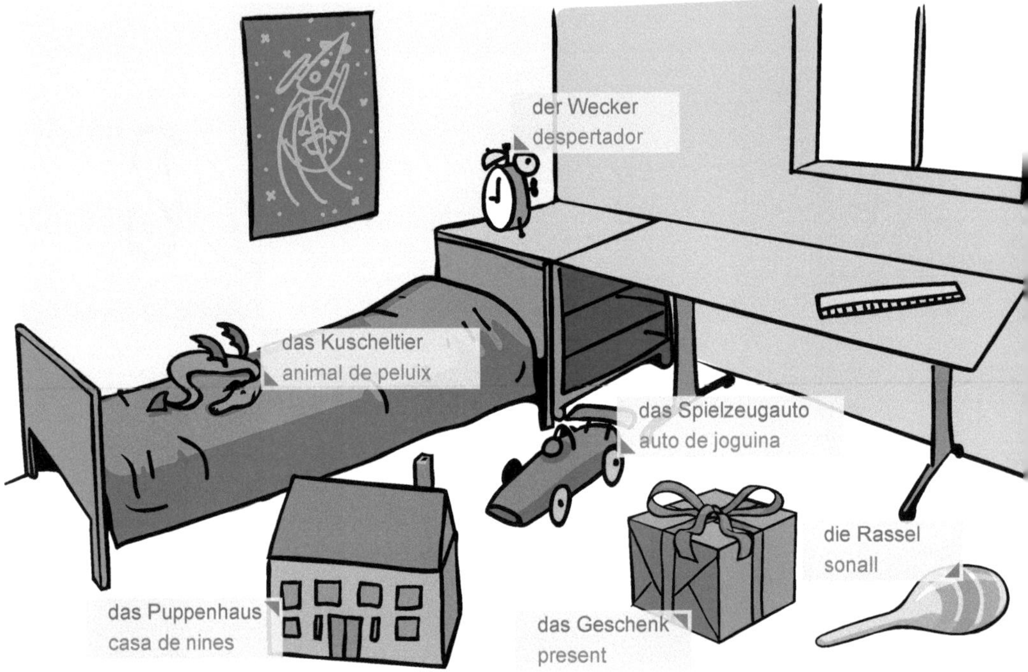
der Wecker
despertador
das Kuscheltier
animal de peluix
das Spielzeugauto
auto de joguina
die Rassel
sonall
das Puppenhaus
casa de nines
das Geschenk
present

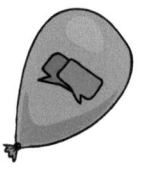

der Ballon

baló

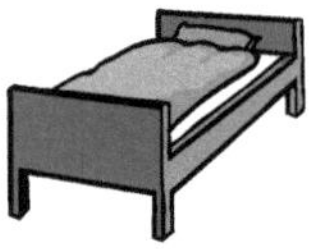

das Bett

llit

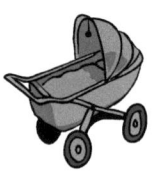

der Kinderwagen

cotxet per a nens

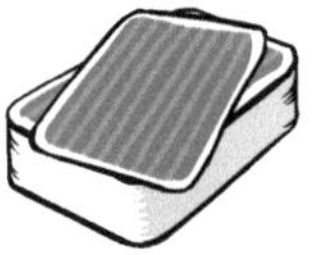

das Kartenspiel

joc de cartes

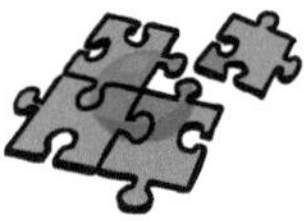

das Puzzle

trencaclosca

SUPER
MEGA

der Comic

historieta

die Legosteine

peces de lego

die Bausteine

peces de construcció

die Actionfigur

ninot d'acció

der Strampelanzug

granota

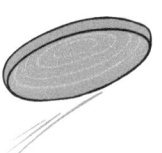

das Frisbee

frisbee

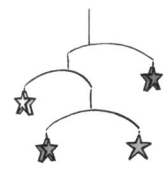

das Mobile

mòbil per a bressol

das Brettspiel

joc de taula

der Würfel

daus

die Modelleisenbahn

tren elèctric

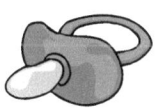

der Schnuller

xumet

die Party

festa

das Bilderbuch

llibre de dibuixos

der Ball

pilota

die Puppe

nina

spielen

jugar

der Sandkasten

sorrera

die Schaukel

gronxador

das Spielzeug

joguines

die Spielkonsole

consola de jocs de vídeo

das Dreirad

tricicle

der Teddy

osset de peluix

der Kleiderschrank

armari

die Kleidung

roba

die Socken

mitjons

die Strümpfe

mitges

die Strumpfhose

mitja pantaló

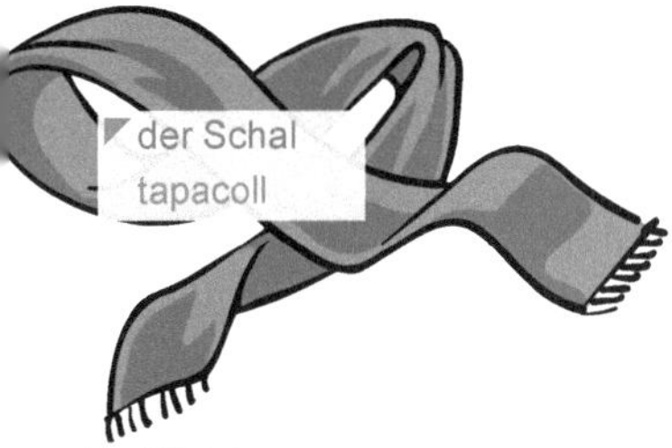

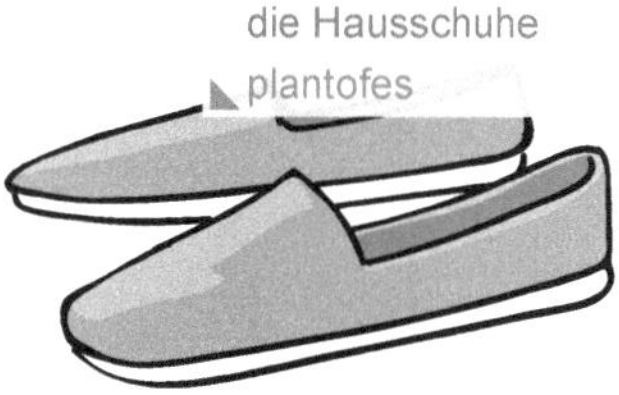

der Schal
tapacoll

der Gürtel
cintura

der Regenschirm
paraigua

das T-Shirt
camiseta

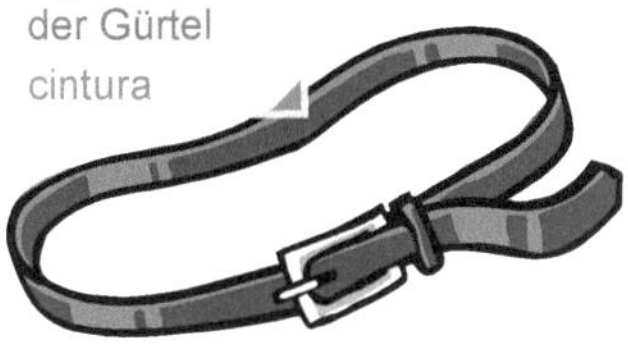

die Stiefel
botes

die Hausschuhe
plantofes

die Turnschuhe
sabates d'esport

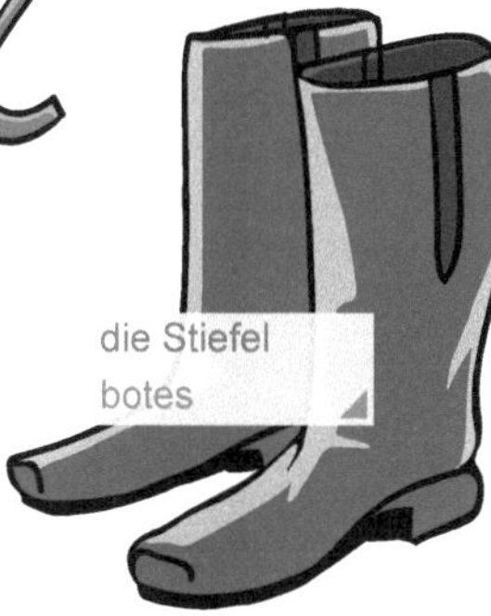

die Sandalen
....
sandàlies

die Schuhe
....
sabates

die Gummistiefel
....
botes de goma

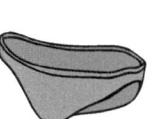

die Unterhose
....
calçonets

der Büstenhalter
....
sostenidor

das Unterhemd
....
guardapits

die Kleidung - roba

45

der Body

jjustacòs

die Hose

pantalons

die Jeans

jeans

der Rock

faldeta

die Bluse

brusa

das Hemd

camisa

der Pullover

jersei

der Kapuzenpullover

dessuadora

der Blazer

blazer

die Jacke

jaqueta

der Mantel

mantell

der Regenmantel

impermeable

das Kostüm

vestit de dona

das Kleid

vestit de dona

das Hochzeitskleid

vestit de núvia

der Anzug

vestit d'home

das Nachthemd

camisa de dormir

der Pyjama

pijama

der Sari

sari

das Kopftuch

mocador de cap

der Turban

turbant

die Burka

burca

der Kaftan

caftan

die Abaya

abaia

der Badeanzug

vestit de bany

die Badehose

calçon(et)s de bany

die kurze Hose

pantalons curts

der Jogginganzug

xandall

die Schürze

davantal

die Handschuhe

guants

der Knopf

botó

die Brille

ulleres

das Armband

braçalet

die Halskette

collaret

der Ring

anell

der Ohrring

orellera

die Mütze

casquet

der Kleiderbügel

penjador

der Hut

capell

die Krawatte

corbata

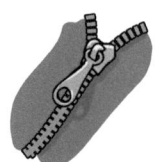

der Reißverschluss

cremallera

der Helm

casc

der Hosenträger

elàstics

die Schuluniform

uniforme escolar

die Uniform

uniforme

das Lätzchen
pitet

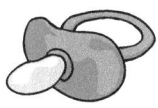

der Schnuller
xumet

die Windel
bolquer

das Büro
oficina

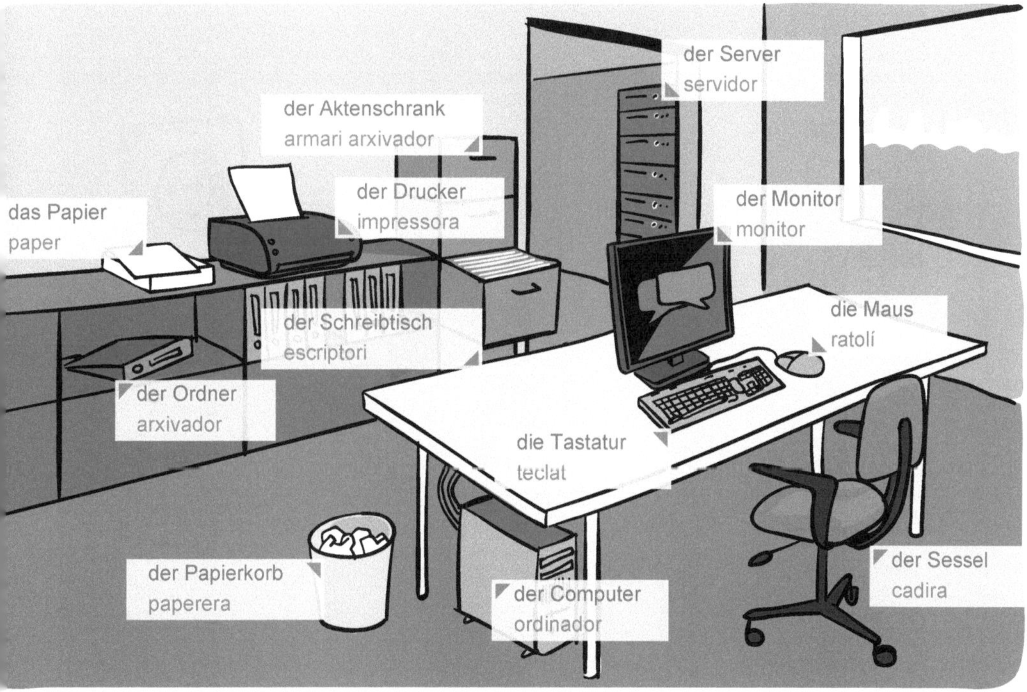

der Server
servidor

der Aktenschrank
armari arxivador

der Drucker
impressora

der Monitor
monitor

das Papier
paper

der Schreibtisch
escriptori

die Maus
ratolí

der Ordner
arxivador

die Tastatur
teclat

der Papierkorb
paperera

der Computer
ordinador

der Sessel
cadira

der Kaffeebecher
tassa de cafè

der Taschenrechner
calculadora

das Internet
Internet

der Laptop
ordinador portàtil

der Brief
lletra

die Nachricht
missatge

das Handy
mòbil

das Netzwerk
xarxa

der Kopierer
fotocopiadora

die Software
programari

das Telefon
telèfon

die Steckdose
presa de corrent

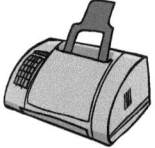

das Fax
fax

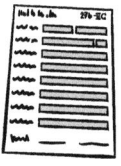

das Formular
formulari

das Dokument
document

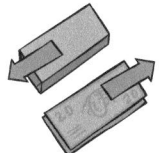

kaufen

comprar

bezahlen

pagar

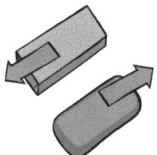

handeln

comerciar

das Geld

diners

der Dollar

dòlar

der Euro

euro

der Yen

ien

der Rubel

ruble

der Franken

franc suís

der Renminbi Yuan

renminbi

die Rupie

rupia

der Bankomat

caixa automàtica

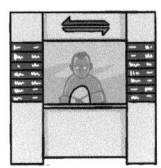

die Wechselstube

oficina de canvi

das Gold

or

das Silber

argent

das Öl

petroli

die Energie

energia

der Preis

preu

der Vertrag

contracte

die Steuer

impost

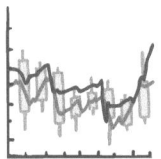

die Aktie

acció

arbeiten

treballar

der Angestellte

treballador

der Arbeitgeber

empresari

die Fabrik

fàbrica

das Geschäft

botiga

die Berufe
oficis

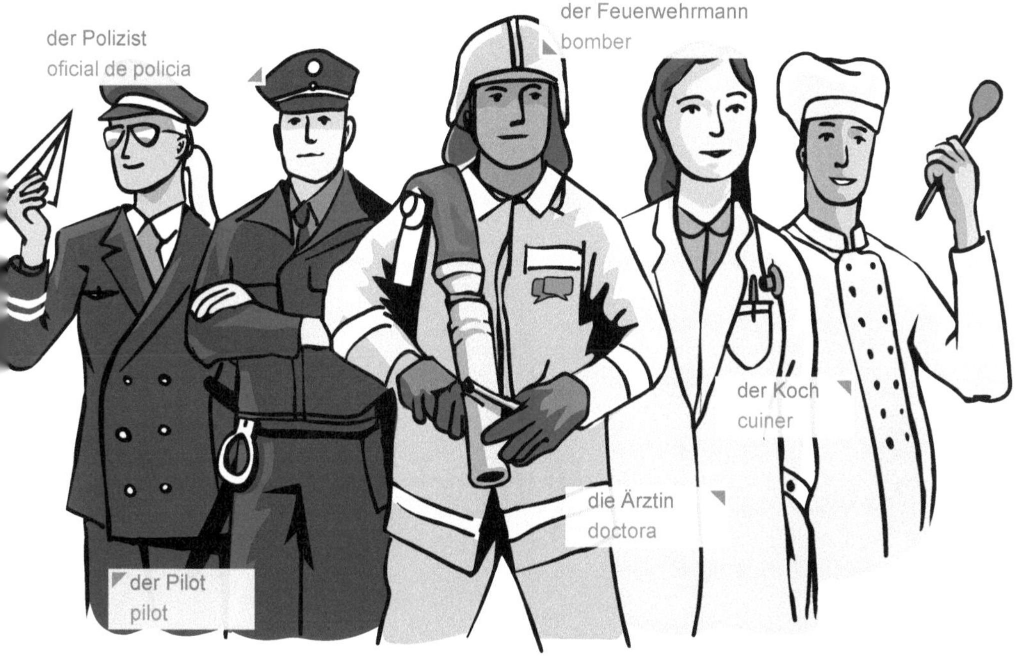
der Polizist
oficial de policia
der Feuerwehrmann
bomber
der Koch
cuiner
die Ärztin
doctora
der Pilot
pilot

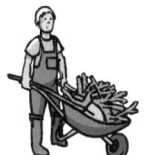

der Gärtner

jardiner

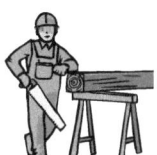

der Tischler

fuster

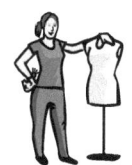

die Schneiderin

costurera

der Richter

jutge

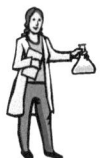

die Chemikerin

química

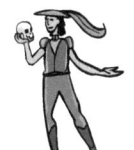

der Schauspieler

actor

der Busfahrer

conductor d'autobús

der Taxifahrer

taxista

der Fischer

pescador

die Putzfrau

dona de la neteja

der Dachdecker

ensostrador

der Kellner

cambrer

der Jäger

caçador

der Maler

pintor

der Bäcker

forner

der Elektriker

electricista

der Bauarbeiter

obrer de la construcció

der Ingenieur

enginyer

der Schlachter

carnisser

der Installateur

llanterner

die Briefträgerin

correu

der Soldat

soldat

der Architekt

arquitecte

die Kassiererin

caixera

die Blumenhändlerin

florista

der Friseur

perruquer

der Schaffner

revisor

der Mechaniker

mecànic

der Kapitän

capità

die Zahnärztin

dentista

der Wissenschaftler

científic

der Rabbi

rabí

der Imam

imam

der Mönch

monjo

der Pfarrer

capellà

die Werkzeuge
eines

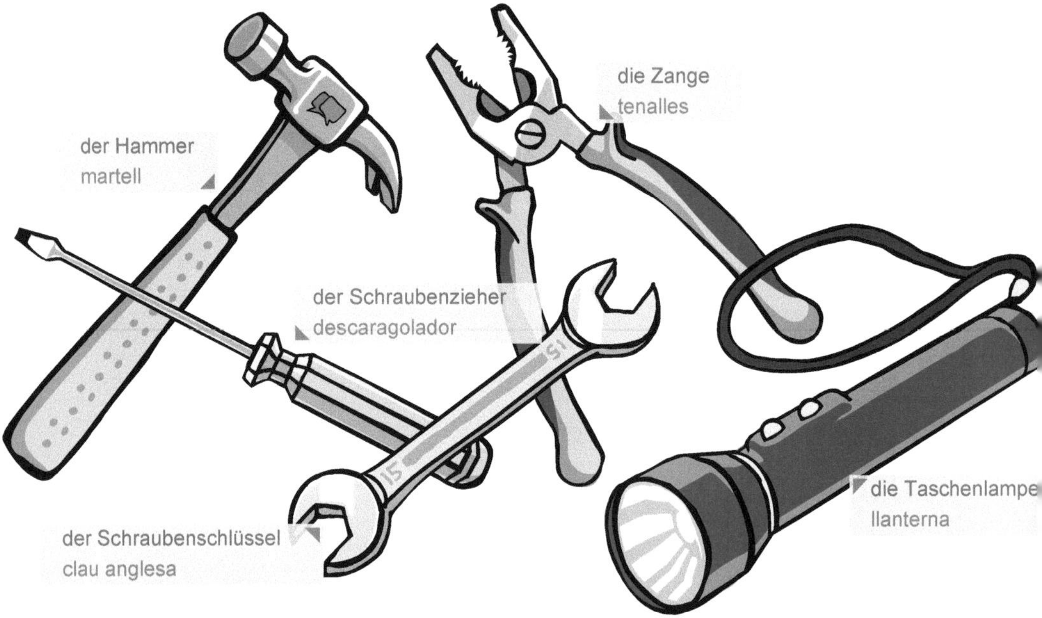
der Hammer
martell
die Zange
tenalles
der Schraubenzieher
descaragolador
der Schraubenschlüssel
clau anglesa
die Taschenlampe
llanterna

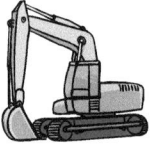

der Bagger

excavadora

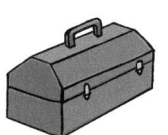

der Werkzeugkasten

caixa d'eines

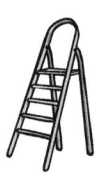

die Leiter

escala

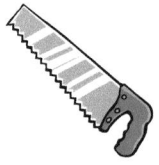

die Säge

serra

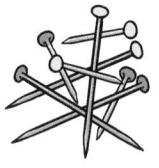

die Nägel

claus

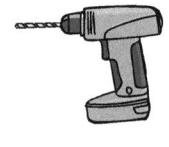

der Bohrer

trepant

reparieren

reparar

die Schaufel

pala

Scheiße!

Maleït siga!

die Kehrschaufel

pala

der Farbtopf

pot de pintura

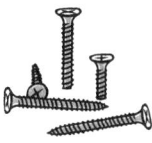

die Schrauben

caragols

die Musikinstrumente
instrument de música

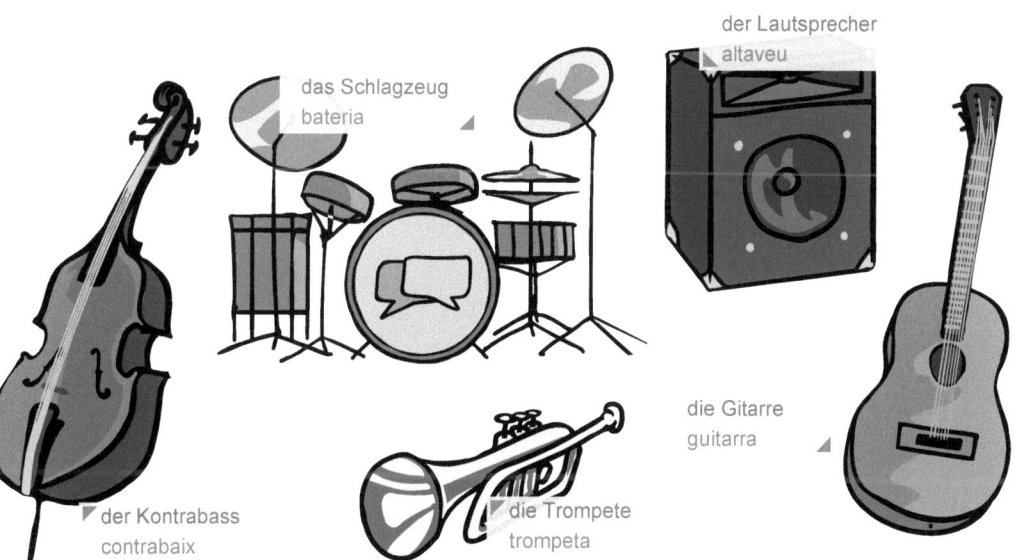

der Lautsprecher
altaveu

das Schlagzeug
bateria

die Gitarre
guitarra

der Kontrabass
contrabaix

die Trompete
trompeta

das Klavier

piano

die Violine

violí

der Bass

baix

die Pauke

timbal

die Trommeln

tambor

die Tastatur

teclat

das Saxophon

saxofon

die Flöte

flauta

das Mikrofon

micròfon

der Zoo

zoo

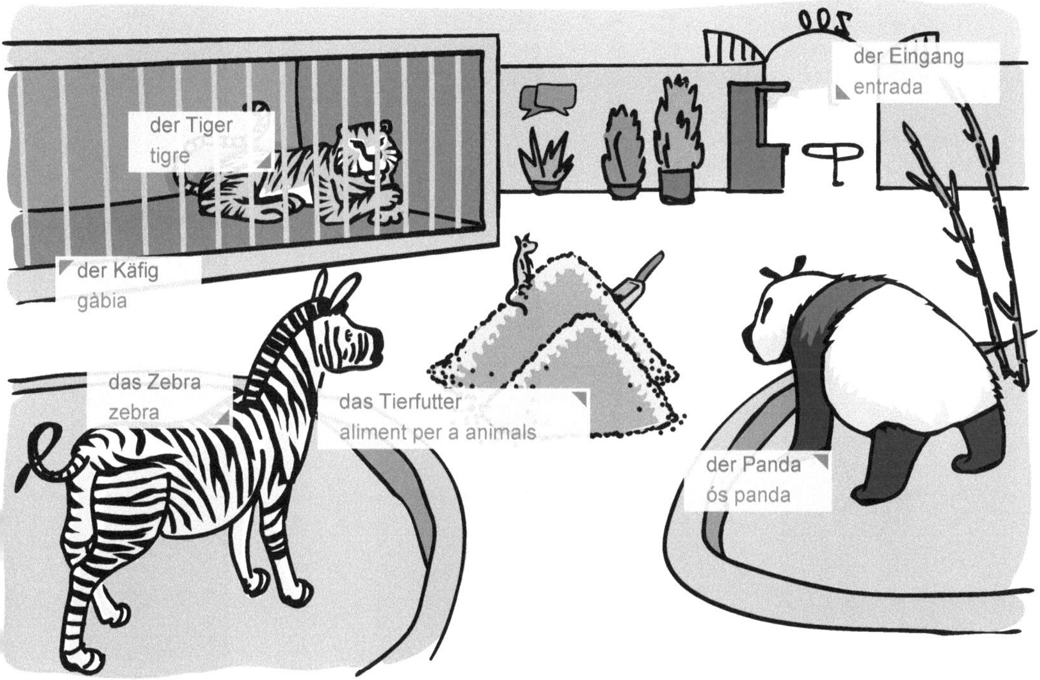
der Eingang
entrada
der Tiger
tigre
der Käfig
gàbia
das Zebra
zebra
das Tierfutter
aliment per a animals
der Panda
ós panda

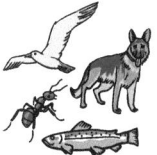

die Tiere

animals

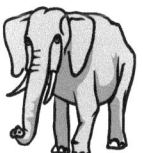

der Elefant

elefant

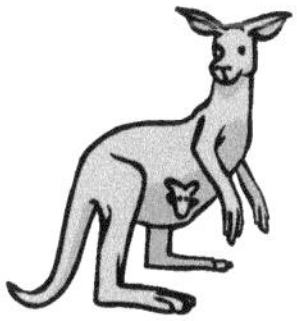

das Känguru

cangurú

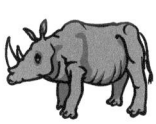

das Nashorn

rinoceront

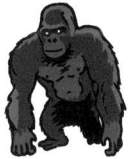

der Gorilla

goril·la

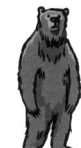

der Bär

ós

das Kamel

camell

der Strauß

estruç

der Löwe

lleó

der Affe

simi

der Flamingo

flamenc

der Papagei

papagai

der Eisbär

ós polar

der Pinguin

pingüí

der Hai

ca mari

der Pfau

paó

die Schlange

serp

das Krokodil

cocodril

der Zoowärter

guardià del zoo

die Robbe

foca

der Jaguar

jaguar

das Pony

poni

der Leopard

lleopard

das Nilpferd

hipopòtam

die Giraffe

girafa

der Adler

àliga

das Wildschwein

senglar

der Fisch

peix

die Schildkröte

tortuga

das Walross

morsa

der Fuchs

guineu

die Gazelle

gasela

das American Football
futbol americà

das Radfahren
ciclisme

das Tennis
tenis

der Basketball
bàsquet

das Schwimmen
natació

das Boxen
boxa

das Eishockey
hoquei sobre gel

der Fußball
futbol americà

das Badminton
bàdminton

die Leichtathletik
atletisme

der Handball
handbol

das Skifahren
esquí

das Polo
polo

die Aktivitäten
activitats

lachen
riure
springen
saltar
umarmen
abraçar
gehen
anar
singen
cantar
träumen
somiar
beten
pregar
küssen
fer un petó

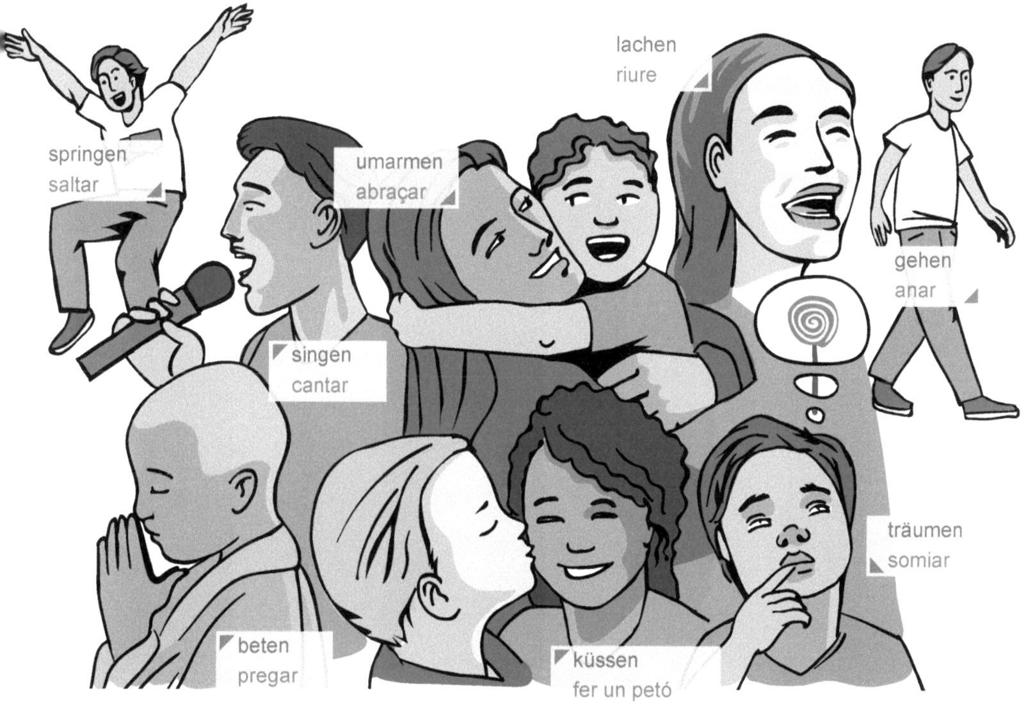

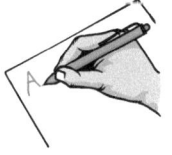

schreiben
escriure

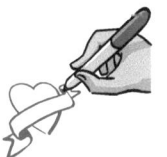

zeichnen
dibuixar

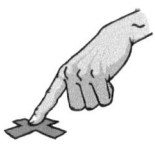

zeigen
mostrar

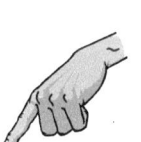

drücken
pitjar

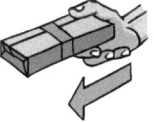

geben
donar

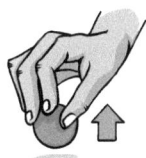

nehmen
prendre

haben
tenir

machen
fer

sein
ésser

stehen
estar dret

laufen
córrer

ziehen
estirar

werfen
llançar

fallen
caure

liegen
jeure

warten
esperar

tragen
portar

sitzen
asseure's

anziehen
vestir-se

schlafen
dormir

aufwachen
despertar-se

ansehen

mirar

weinen

plorar

streicheln

amoixar

frisieren

pentinar

reden

parlar

verstehen

comprendre

fragen

demanar

hören

escoltar

trinken

beure

essen

menjar

zusammenräumen

endreçar

lieben

estimar

kochen

cuinar

fahren

conduir

fliegen

volar

segeln

navegar

rechnen

calcular

lesen

llegir

lernen

aprendre

arbeiten

treballar

heiraten

casar-se

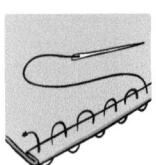

nähen

cosir

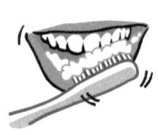

Zähne putzen

raspallar-se les dents

töten

matar

rauchen

fumar

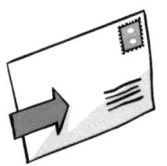

senden

enviar

die Großmutter
àvia

der Großvater
avi

der Vater
pare

die Mutter
mare

das Baby
nadó

die Tochter
filla

der Sohn
fill

der Gast

convidat

die Tante

tia

der Onkel

oncle

der Bruder

germà

die Schwester

germana

der Körper

cos

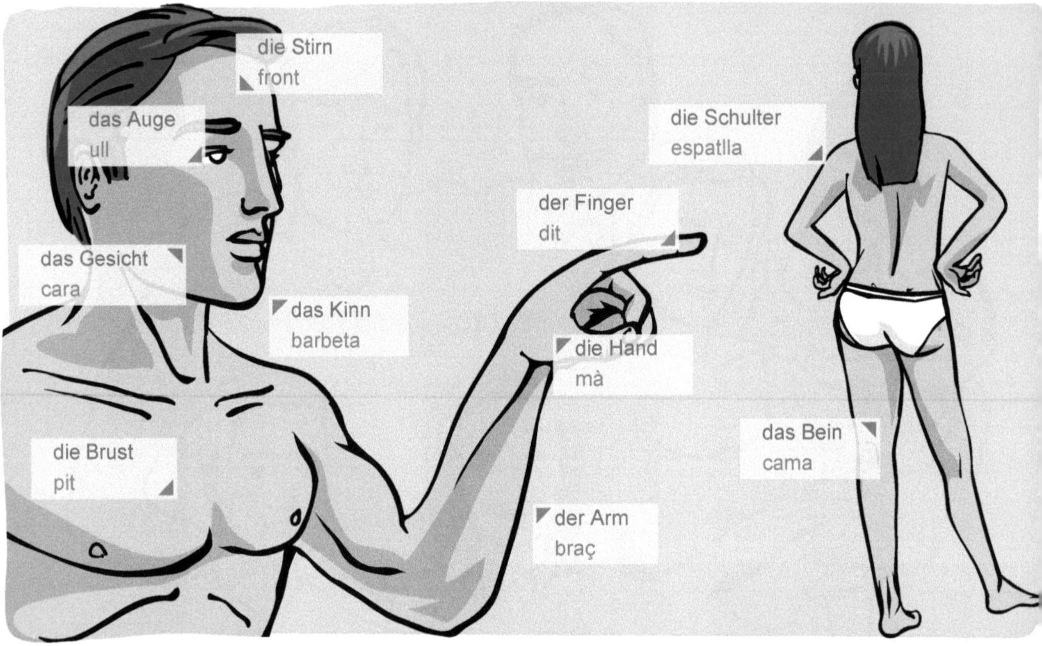

die Stirn
front

das Auge
ull

die Schulter
espatlla

der Finger
dit

das Gesicht
cara

das Kinn
barbeta

die Hand
mà

die Brust
pit

das Bein
cama

der Arm
braç

das Baby
nadó

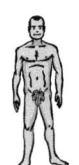

der Mann
home

die Frau
dona

das Mädchen
noia

der Junge
noi

der Kopf
cap

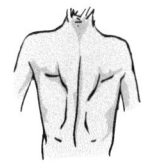

der Rücken

esquena

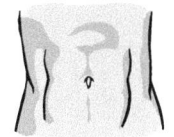

der Bauch

panxa

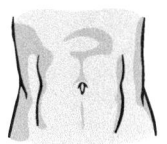

der Nabel

melic

der Zeh

dit gros del peu

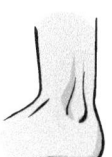

die Ferse

taló

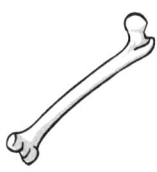

der Knochen

os

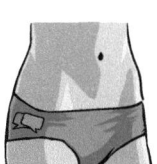

die Hüfte

maluc

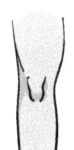

das Knie

genoll

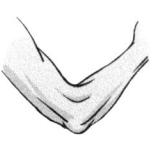

der Ellbogen

colze

die Nase

nas

das Gesäß

cul

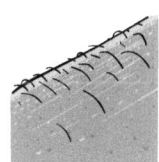

die Haut

pell

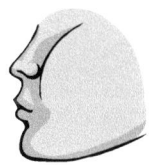

die Wange

galta

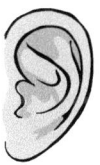

das Ohr

orella

die Lippe

llavi

der Mund

boca

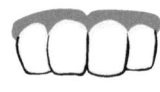

der Zahn

dent

die Zunge

llengua

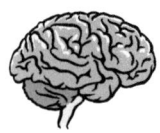

das Gehirn

cervell

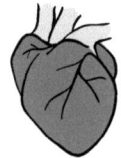

das Herz

cor

der Muskel

múscul

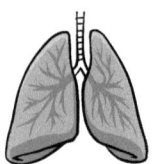

die Lunge

pulmó

die Leber

fetge

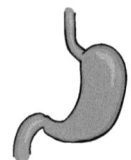

der Magen

estómac

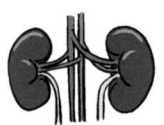

die Nieren

ronyó

der Geschlechtsverkehr

relació sexual

das Kondom

preservatiu

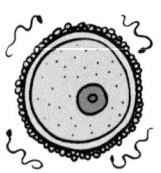

die Eizelle

ovari

das Sperma

semen

die Schwangerschaft

prenyat

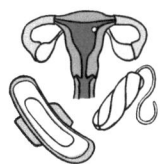

die Menstruation

menstruació

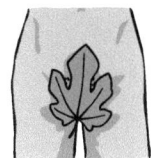

die Vagina

vagina

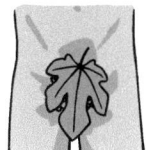

der Penis

penis

die Augenbraue

cella

das Haar

cabells

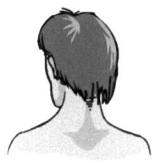

der Hals

coll

das Spital
hospital

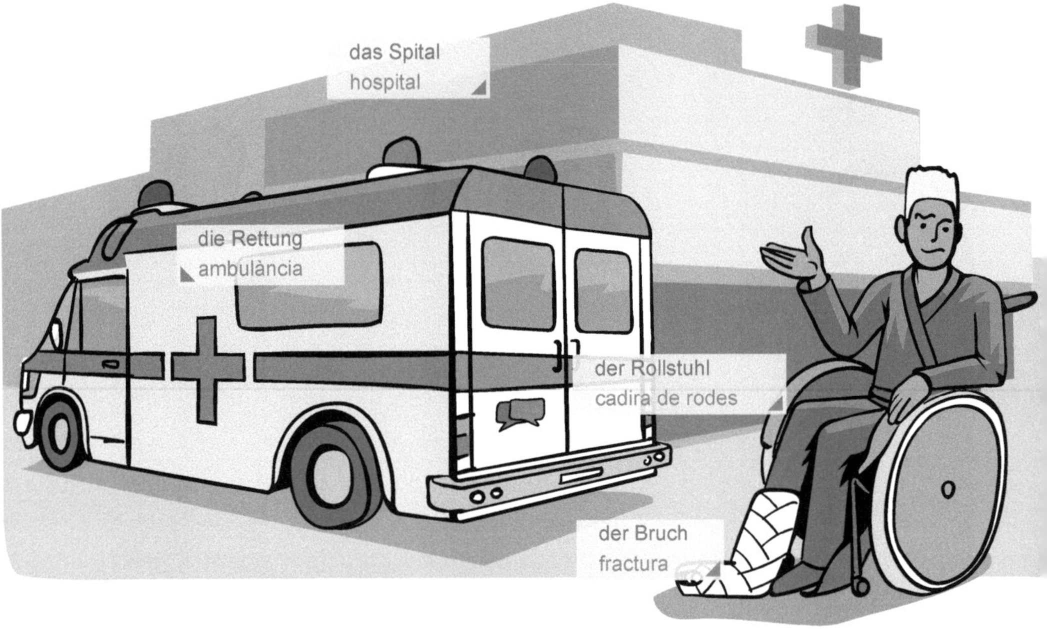

das Spital
hospital
die Rettung
ambulància
der Rollstuhl
cadira de rodes
der Bruch
fractura

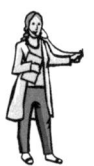

die Ärztin
doctora

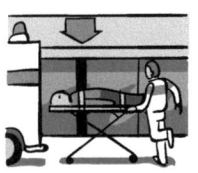

die Notaufnahme
sala d'urgències

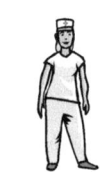

die Krankenschwester
infermera

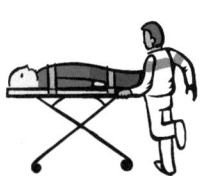

der Notfall
urgència

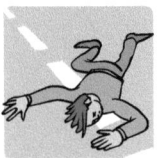

ohnmächtig
inconscient

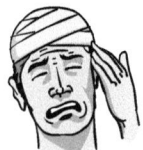

der Schmerz
dolor

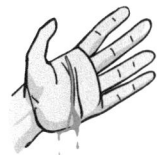

die Verletzung

ferida

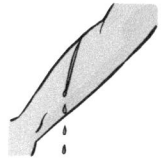

die Blutung

sagnament

der Herzinfarkt

atac de cor

der Schlaganfall

apoplexia

die Allergie

al·lèrgia

der Husten

tos

das Fieber

febre

die Grippe

gripa

der Durchfall

diarrea

die Kopfschmerzen

mal de cap

der Krebs

càncer

die Diabetes

diabetis

der Chirurg

cirurgià

das Skalpell

escalpel

die Operation

operació

das CT

tomografia computada (TC),
TAC

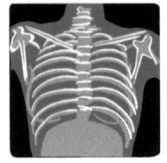

das Röntgen

raigs x

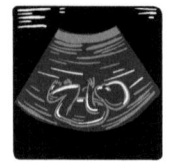

der Ultraschall

ultrasò

die Maske

mascareta

die Krankheit

malaltia

das Wartezimmer

sala d'espera

die Krücke

crossa

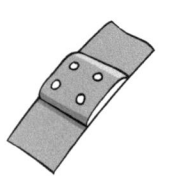

das Pflaster

tireta

der Verband

embenat

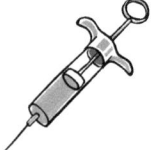

die Injektion

injecció

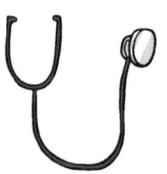

das Stethoskop

estetoscopi

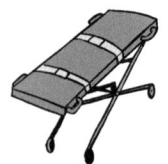

die Trage

llitera

das Thermometer

termòmetre clínic

die Geburt

pariment

das Übergewicht

sobrepès

das Hörgerät

aparell auditiu

das Desinfektionsmittel

desinfectant

die Infektion

infecció

das Virus

virus

das HIV / AIDS

VIH / SIDA

die Medizin

medicina

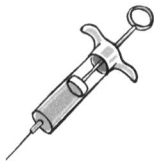

die Impfung

vacci

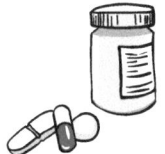

die Tabletten

comprimits

die Pille

píl·lola

der Notruf

trucada d'urgència

der Blutdruckmesser

tensiòmetre

krank / gesund

malalt / sà

Hilfe!

Socors!

der Alarm

alarma

der Überfall

assalt

der Angriff

atac

die Gefahr

perill

der Notausgang

sortida-eixida d'urgència

Feuer!

Foc!

der Feuerlöscher

extintor

der Unfall

accident

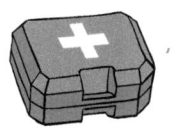

der Erste-Hilfe-Koffer

farmaciola de primers
auxilis

SOS

SOS

die Polizei

policia

das Europa

Europa

das Nordamerika

Amèrica del Nord

das Südamerika

Amèrica del Sud

das Afrika

Àfrica

das Asien

Àsia

das Australien

Austràlia

der Atlantik

Atlàntic

der Pazifik

Pacífic

der Indische Ozean

Oceà Índic

der Antarktische Ozean

Oceà Antàrtic

der Arktische Ozean

Oceà Àrtic

der Nordpol

pol nord

der Südpol

pol sud

die Antarktis

Antàrtida

die Erde

terra

das Land

país

das Meer

mar

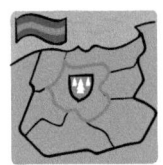

die Insel

illa

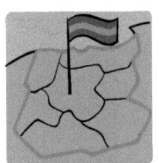

die Nation

nació

der Staat

estat

das Ziffernblatt

quadrant

der Stundenzeiger

agulla de les hores

der Minutenzeiger

agulla dels minuts

der Sekundenzeiger

agulla dels segons

Wie spät ist es?

Quina hora és?

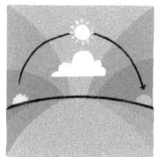

der Tag

dia

die Zeit

temps

jetzt

ara

die Digitaluhr

rellotge digital

die Minute

minut

die Stunde

hora

die Woche

setmana

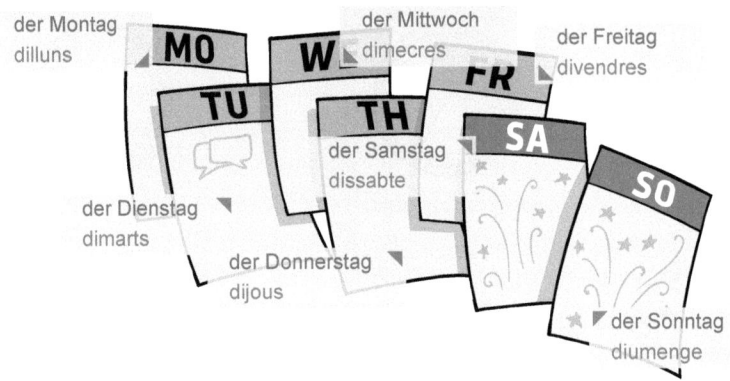

der Montag
dilluns

der Mittwoch
dimecres

der Freitag
divendres

der Dienstag
dimarts

der Donnerstag
dijous

der Samstag
dissabte

der Sonntag
diumenge

gestern
ahir

heute
avui

morgen
demà

der Morgen
matí

der Mittag
migdia

der Abend
tarda

die Arbeitstage
dia feiner

das Wochenende
cap de setmana

der Regen
pluja

der Regenbogen
arc de Sant Martí

der Schnee
neu

der Wind
vent

der Frühling
primavera

der Herbst
tardor

der Sommer
estiu

der Winter
hivern

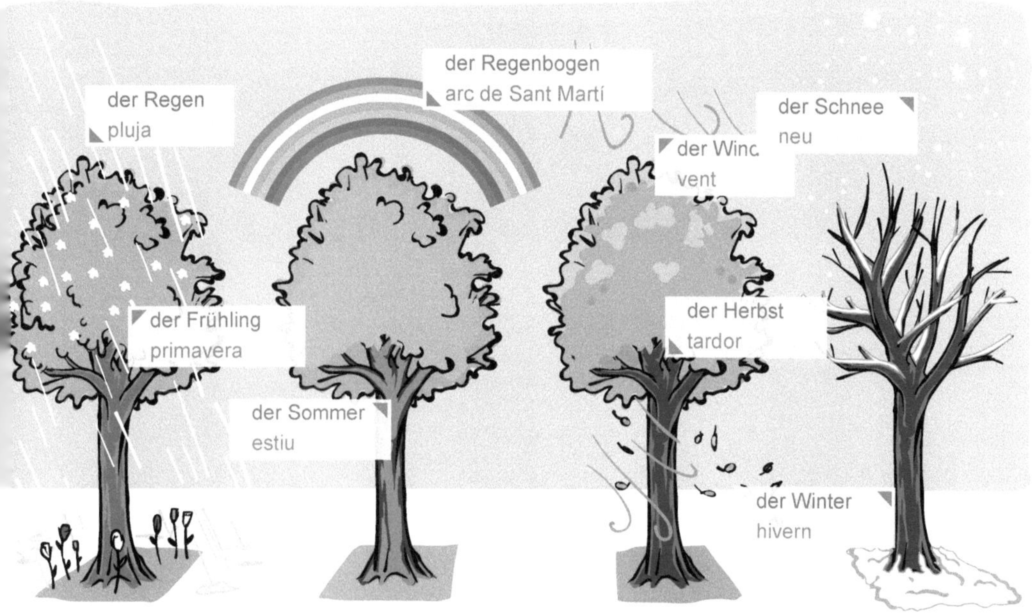

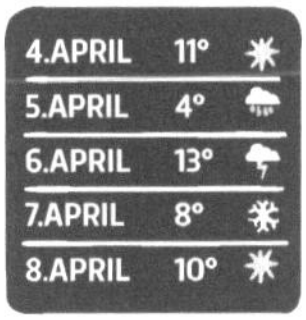

die Wettervorhersage

pronòstic del temps

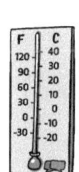

das Thermometer

termòmetre

der Sonnenschein

llum del sol

die Wolke

núvol

der Nebel

boira

die Luftfeuchtigkeit

humiditat de l'aire

der Blitz

llamp

der Donner

tro

der Sturm

tempesta

der Hagel

calamarsa

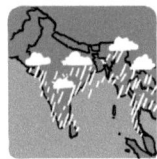

der Monsun

monsó

die Flut

inundació

das Eis

gel

der Jänner

gener

der Februar

febrer

der März

març

der April

abril

der Mai

maig

der Juni

juny

der Juli

juliol

der August

agost

der September
....
setembre

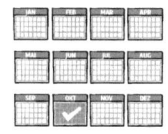

der Oktober
....
octubre

der November
....
novembre

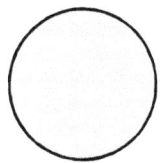

der Dezember
....
desembre

der Kreis
....
cercle

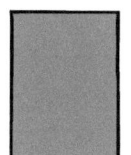

das Quadrat
....
quadrat

das Rechteck
....
rectangle

das Dreieck
....
triangle

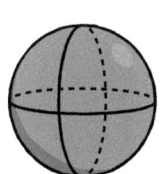

die Kugel
....
esfera

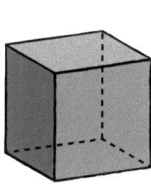

der Würfel
....
cub

die Farben
colors

weiß

blanc

gelb

groc

orange

taronja

pink

rosa

rot

vermell

lila

lila

blau

blau

grün

verd

braun

marró

grau

gris

schwarz

negre

viel / wenig

molt / poc

wütend / friedlich

emprenyat / tranquil

hübsch / hässlich

bonic / lleig

der Anfang / das Ende

començament / fi

groß / klein

gran / petit

hell / dunkel

clar / fosc

der Bruder / die Schwester

germà / germana

sauber / schmutzig

net / brut

vollständig / unvollständig

complet / incomplet

der Tag / die Nacht

dia / nit

tot / lebendig

mort / viu

breit / schmal

ample / estret

genießbar / ungenießbar

comestible / immenjable

böse / freundlich

dolent / amable

aufgeregt / gelangweilt

entusiasmat / entediat

dick / dünn

gros / prim

zuerst / zuletzt

primer / darrer

der Freund / der Feind

amic / enemic

voll / leer

ple / buit

hart / weich

dur / tou

schwer / leicht

pesant / lleuger

der Hunger / der Durst

gana / set

krank / gesund

malalt / sà

illegal / legal

il·legal / legal

gescheit / dumm

intel·ligent / ximple

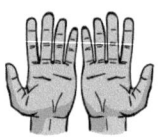

links / rechts

esquerra / dreta

nah / fern

prop / llunyà

neu / gebraucht

nou / usat

nichts / etwas

res / quelcom

alt / jung

vell / jove

an / aus

encès / apagat

offen / geschlossen

obert / tancat

leise / laut

silenciós / sorollós

reich / arm

ric / pobre

richtig / falsch

correcte / incorrecte

rau / glatt

aspre / suau

traurig / glücklich

trist / content

kurz / lang

curt / llarg

langsam / schnell

lent / ràpid

nass / trocken

humit / sec - eixut

warm / kühl

calent / fred

der Krieg / der Frieden

guerra / pau

die Zahlen
nombres

0

null

zero

1

eins

u

2

zwei

dos

3

drei

tres

4

vier

quatre

5

fünf

cinc

6

sechs

sis

7

sieben

set

8

acht

vuit

9

neun

nou

10

zehn

deu

11

elf

onze

12
zwölf
dotze

13
dreizehn
tretze

14
vierzehn
catorze

15
fünfzehn
quinze

16
sechzehn
setze

17
siebzehn
disset

18
achtzehn
divuit

19
neunzehn
dinou

20
zwanzig
vint

100
hundert
cent

1.000
tausend
mil

1.000.000
Million
milió

Englisch

anglès

Amerikanisches Englisch

anglès americà

Chinesisch (Mandarin)

xinès mandarí

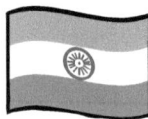

Hindi

hindi

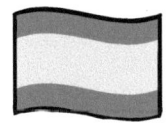

Spanisch

espanyol

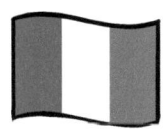

Französisch

francès

Arabisch

àrab

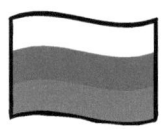

Russisch

rus

Portugiesisch

portuguès

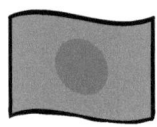

Bengalisch

bengalí

Deutsch

alemany

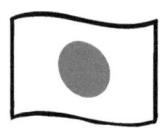

Japanisch

japonès

ich

jo

du

tu

er / sie / es

ell / ella / allò

wir

nosaltres

ihr

vosaltres

sie

ells

Wer?

qui?

Was?

què?

Wie?

com?

Wo?

on?

Wann?

quan?

Name

nom

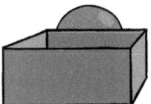

hinter

darrere

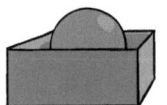

in

en

vor

davant de

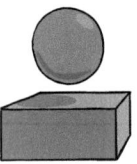

über

damunt

auf

sobre

unter

sota

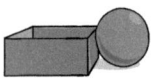

neben

al costat

zwischen

entre

der Ort

lloc